Pierre Jônain

1799 - 1884

EN MARGE DU ROMANTISME

UN FOYER INTELLECTUEL EN SAINTONGE

Pierre Jônain

SES AMIS ET CORRESPONDANTS
1799-1884

Lettres de V. Hugo, Lamartine, G. Sand
J. Michelet, Eug. Pelletan, J. Macé, Carnot, etc.
recueillies et publiées
par Eugène MOUTARD
ancien Directeur de la *Revue de Bordeaux*

Un portrait et quatre reproductions de dessins
de Pierre Jônain.

ED. FERET & FILS
BORDEAUX
1928

Pierre Jônain

A notre Cousine

Madame E. Ladan-Bockairy, née Jônain,

en hommage bien affectueux.

E. M.

En *livrant aujourd'hui à l'impression un travail préparé dès avant la guerre, je réponds bien tardivement au vœu d'un vieil oncle que je n'ai pas connu, mais dont j'ai pu apprécier la haute valeur intellectuelle, morale et sociale.*

Sur la page de garde d'un gros cahier manuscrit qu'il intitulait : Une Vie : Lettres sans réponses, *l'érudit saintongeais* Pierre Jonain *écrivait, le* 15 *mars* 1869 : « C'est ici le volume, qu'à mon défaut, je prie mes héri-« tiers de faire imprimer à cent exemplaires... ».

La publication intégrale de ce volumineux manuscrit est devenue impossible, tant en raison des frais qu'elle occasionnerait que par le peu d'intérêt actuel d'une partie des faits qui y sont consignés. Mais, dans la modeste sphère où il s'est volontairement confiné, Jônain n'en avait pas moins contracté des amitiés solides avec nombre de camarades d'enfance, de condisciples, de collègues bordelais, de littérateurs de talent, d'hommes politiques éminents ; et, s'il avait cru devoir intituler ce gros cahier autobiographique : Lettres sans réponses, *il se trouve justement qu'à défaut des lettres qu'il écrivait lui-même et qui ont sans doute disparu, celles qu'il recevait de ses amis et qu'il conservait soigneusement, constituent le plus sûr témoignage de l'étonnante élévation des entretiens épistolaires de Jônain avec ses correspondants : elles nous fournissent en quelque sorte les répliques dans un scénario dont le principal rôle serait perdu.*

C'est donc autant ce recueil de correspondances que le manuscrit autobiographique de Jônain lui-même qui feront l'objet de la présente publication.

Nous reproduisons, dans ce volume, quelques dessins dus à la plume de P. Jônain.

Pour lui, comme pour le Genevois Töpffer, son contemporain, « il y a une vie cachée dans tout paysage, un « sens, quelque chose qui parle à l'homme ; c'est ce sen- « timent qu'il s'agit d'extraire, de faire saillir, de ren- « dre par une expression naïve et fidèle qui n'est pas « une pure copie... »

(Sainte Beuve, Notice sur Töpffer,
Causeries du Lundi).

AU PAYS NATAL

PLUSIEURS notices biographiques ou bibliographiques ont été consacrées à P. Jônain et à son œuvre. De son vivant déjà, en 1875, son ami et fidèle collaborateur Victor Billaud, l'habile imprimeur royannais, fondateur de l'Académie des Muses Santones, avait ajouté aux Kikajons de Jonas, collection un peu bizarre d'acrostiches historiques, un commentaire fort bien fait de la vie et de l'œuvre de celui qui avait ouvert son esprit aux beautés de la littérature et de l'art. Quelques années plus tard, un rédacteur du *Courrier littéraire de l'Ouest*, M. P. Lagarenne, dans les livraisons de juin et juillet 1880, avait donné une étude très fouillée de l'œuvre poétique de Jônain ; et, peu de temps après, un membre distingué de l'Académie de Bordeaux, M. A. Loquin, avait écrit dans le volume de Biographies de la *Statistique de la Gironde*, publié par Ed. Feret, un substantiel article sur Pierre Jônain « poète, musicien, linguiste, littérateur, critique, écrivain politique et religieux, philosophe, historien, traducteur et surtout vulgarisateur, une des figures les plus originales et les plus sympathiques de notre temps.... ».

Plus récemment enfin, M. Paul Dyvorne, qui s'est rendu acquéreur d'un lot de documents et de papiers qu'une regrettable irrégularité d'inventaire avait soustraits aux légitimes héritiers de Madame Vve Gautriaud-Jônain, a publié une notice judicieuse sinon complète sur le vieil érudit royannais, en émettant le vœu que son nom soit donné à la rue dans laquelle se trouve la demeure qu'il habita jusqu'à sa mort.

Si les peuples heureux n'ont pas d'histoire, la vie des sages est généralement exempte de ces orages et de ces drames qui font l'intérêt ordinaire des romans. Mais, pour s'être volontairement tenu à l'écart de la vie ardente des capitales, pour leur avoir préféré les paisibles campagnes de son village natal (1), pour avoir enfin passé presque toute sa longue existence sur les rives du *fleuve large et pur* que Sully Prudhomme donnait pour symbole à la *divine éloquence,* Jônain, en cela bien différent de ce philosophe genevois, Frédéric Amiel, qui, en écrivant son « Journal », n'y voyait « qu'une paresse occupée et « un fantôme d'activité intellectuelle », et qui, par système, voulut demeurer « neutre, tiède et amorphe », Jônain, lui, sans aucune ambition personnelle, entra résolument dans la lutte, à une époque où les passions politiques, sociales et religieuses étaient particulièrement ardentes.

Son grand père connu sous le nom de grenadier Jônain, avait été enrôlé par la milice et avait fait comme sergent la campagne d'Allemagne, dans le duché de Hanovre ; il parlait souvent du maréchal de Saxe, son général, de son colonel M. de la Tresse, et d'un de ses camarades de régiment, le brave Regnard, saintongeais lui aussi, qui, après son congé devint maître d'école à Gémozac et eut pour élève la fillette qui devait devenir la mère de Pierre Jônain.

Son père, né le 28 septembre 1766, fit comme volontaire de la République, les guerres de Vendée, puis servit comme chef d'atelier dans les arsenaux de Brest et de Rochefort avant de revenir au village natal, à Maillé, près

(1) Voici en quels termes il en évoquait le souvenir dans l'Introduction qu'il écrivit en publiant les *Mémoires du Curé Pouzaux,* Notice historique sur la commune de Gémozac : « Oh ! ces bois « de Maillé sont dignes d'être peuplés d'oiseaux et visités par des « poètes et des peintres. Je leur dois pour ma part une bonne mesure « de mon développement moral et littéraire.... Que de rêveries j'y « ai faites en écoutant le grondement lointain de l'Océan, à Maumusson !... Je ne paierai jamais mon tribut de reconnaissance « à cette forêt quasi natale... ».

de Gémozac, où il épousa Marie Madeleine Ballanger, fervente huguenote, qui le 13 thermidor au VII, lui donna un fils, prénommé Pierre, comme son père et son aïeul. Cette excellente femme eut à cœur de développer la vive intelligence de son premier né ; lui même a dit plus tard, dans une longue pièce de vers qu'il adressait à Lamartine :

A quatre ans, je lisais : nul autre que ma mère
A ce monde nouveau n'initia mes yeux.
Aux champs, près du bétail que nous gardions tous deux,
J'apprenais de sa voix, ou d'ange ou de bergère,
Une simple romance, une douce prière...

Un de ses premiers livres de lecture fut : *Le Trésor des enfants*, par P. Blanchard. (Paris, Le Prieur, 1811). Au verso de la couverture de ce volume, Jônain écrivit plus tard : « Le premier livre que j'aie acheté de mon « petit pécule d'écolier. Les suivants furent : Une tra- « duction de *Gessner*, et les *Fables* de *La Fontaine*. »

Vers 1816, au moment où la poursuite de ses études le mit dans l'obligation de quitter le cher village natal, le foyer rustique, les prés, les grands bois qui avaient fait de lui, dit-il, ce qu'il resta toute sa vie, « un rêveur, un penseur, tant soit peu sauvage et ombrageux, » il écrivait, dans une sorte d'évocation douloureusement émue :

« ... Laissez-moi décrire une de ces journées dont chaque minute m'apportait une jouissance ; et peut-être ai-je tort de me plaindre : peut-être est-ce assez sur la terre d'avoir eu quelques mois de bonheur !

« Je consacrais le matin à la promenade : rien n'égalait mon contentement, quand j'arrivais dans la campagne avant que la rosée fût toute évaporée, tandis que les alouettes chantaient encore de tous côtés leur joyeux réveil. Je laissais alors livres et vers pour contempler les beautés de la nature, les champs de blé en épis dont les barbes déliées impriment au loin à la lumière un certain frémissement, un mouvement de vibration plus fort que celui qui s'observe dans cette saison et à cette heure matinale sur les surfaces éclairées, De longues rangées d'obiers dont le feuillage découpé en festons légers est pour l'œil d'un effet si moëlleux... Mais, décrirai-je aussi ce bien-être, cette volupté, ce bonheur de se sentir vivre, que produit, dans ces moments, le seul aspect de la campagne et ces particules de chaleur et de vie qui nagent dans l'air embaumé ?... »

Bien des années plus tard, dans son *Journal,* il évoquait encore, avec un enthousiasme qu'il est permis de trouver un peu excessif, la beauté des sites où s'écoula sa jeunesse : « Mortagne, St Seurin d'Uzet, Meschers, « Vallières, Maillé, toute cette rive droite du grand lac « Gironde et de ce val de la Seudre, est-il, sous aucun « ciel, plus beau site et plus suaves noms ?

Bords Saintongeais que baigne la Gironde,
Qui l'encadrez dans l'air de vos moissons,
Vous dont l'aspect, au murmure de l'onde,
Nous inspira de naïves chansons,
Nos cœurs chantaient vos dons et la beauté...
Vos eaux, vos bois, vos rochers et vos plaines
Sont toujours beaux comme en ces heureux jours !
En nous, hélas ! les regrets et les peines
Ont remplacé l'espoir et les amours !...

(1852)

PROFESSORAT

C'ÉTAIT l'époque des plus glorieuses campagnes de Napoléon ; mais le père ne désirait pas que son fils fût soldat ; il lui disait : « Tu iras à l'armée, puisque l'Empereur le veut et qu'il y veut voir toute la France ; mais tu seras chirurgien major ; tu auras moins à souffrir et tu seras plus utile... » Mais telle ne devait pas être la destinée du petit Pierre : après de solides études à Pons sous l'excellente direction de Damas du Rumain, puis au collège de Saintes et à Bordeaux pour la classe de philosophie, le jeune homme, reçu bachelier à seize ans, s'en alla, pour trois années, suivre les cours de droit à la Faculté de Poitiers.

« Bordeaux, écrit-il dans son autobiographie, jolie ville, sa rade, sa salle de théâtre, ses foires, la vivacité du climat avaient excité en moi des effervescences ; à Poitiers, elles furent vite calmées par un ciel plus terne, par une ville et une contrée sans inspiration. Si pourtant j'avais mieux connu l'histoire de France, alors si négligée, j'aurais pu visiter avec plus d'intérêt la Pierre levée, (2) les caves de St Bonnet, retraite de Calvin, et la Roche de Coligny. Mais je me contentais de suivre nonchalamment les bords du Clain nonchalant... » Bien qu'il eut peu de goût pour la chicane et le Digeste, il obtint son diplôme de bachelier en droit, et favorisé par le sort, se vit exempté du service militaire ; et comme il lui fallait gagner sa vie, il accepta un poste de professeur au collège de Saint-Yrieix où il fit quelques bons amis et où il eut pour

(2) Le gros *rochier* où les *escholiers* allaient *escrire leur nom dessus avec ung coulteau.* (Rabelais, *Pantagruel,* chap.V.)

élève le futur amiral Fourichon. Mais le contrôle rigoureux que le parti de la Congrégation exerçait alors sur le corps enseignant ne tarda pas à rebuter tous ceux qui, comme Jônain, aspiraient à un régime plus libéral. Un de ses camarades de Poitiers lui écrivait en juin 1820 : (3).

« L'Ecole de Droit vient d'être menacée de licencie-
« ment à cause de la chaleur et de la liberté avec la-
« quelle elle manifestait son attachement à nos premières
« institutions. Plusieurs de nos condisciples ont été tra-
« duits en police correctionnelle ; l'un d'eux a passé
« trois nuits en prison et n'a été remis en liberté provi-
« soire que sous cautionnement de 500 francs !... »

Aussi, ces jeuns gens songent-ils à partir pour l'Amérique et même pour l'Espagne dont la Constitution de 1812 leur paraissait plus libérale. Cependant Fèvre (4) écrivait à son ami Jônain : « Souvenons-nous de cette
« belle maxime de J. J. Rousseau : La liberté n'est dans
« aucune forme de gouvernement, elle est dans le cœur
« de l'homme libre ; il la porte partout avec lui... Va
« donc, nouveau Châteaubriand, cours visiter une nation
« nouvelle ; exprime tes observations et tes rêveries avec
« le talent qu'annoncent tes premières productions,
« et j'ose te promettre que la gloire t'attendra dans ta
« patrie »...

Un autre de ses amis, l'un des quatre frères Bonnin (5), Antonin, qui deviendra conseiller à la Cour d'Appel de Limoges, lui écrit encore : « Je vous féli-
« cite de vos succès à l'Académie ; mais vous vous sen-
« tez sans doute quelque chose de mieux dans la tête et

(3) Plusieurs des Lettres qui suivent ont fait l'objet d'articles que j'ai donnés, en 1925 et 1926, soit à *La Petite Gironde*, de Bordeaux, soit au *Journal des Débats*.

(4) Pierre Fèvre, de Reignac (Charente).

(5) Les quatre frères Bonnin, de Bellac (Hte-Vienne).

Fretard, dedessous le Châtaigner

[illegible] de dessous le Châtaignier

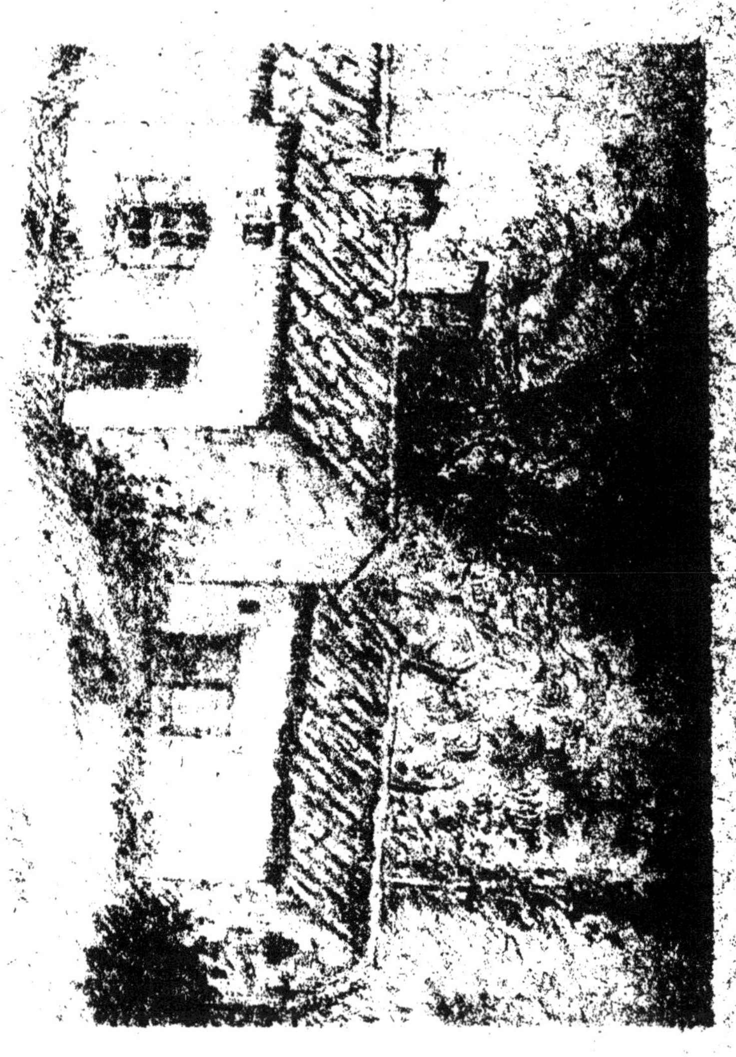

« dans le cœur ; vous dédaignez d'être le second à « Rome !... »

Non ! Cette ardente jeunesse qui préparait sans s'en douter, la Révolution de 1830, ne se laissait pas griser par de vagues succès académiques ; avec une amusante ironie, ils « blaguaient » entre eux ces pâles lauriers, et Fèvre, dans une lettre du 14 mars 1821, écrivait plaisamment :

« Je n'ai pu découvrir si l'Académie de Bordeaux a « proposé cette année un concours en prose, mais le su- « jet de poésie est : la naissance du duc de Bordeaux. « (Naturellement !...) Le prix consiste en une médaille « d'or d'une valeur de 300 francs : tu feras sur ce sujet « des vers mâles et touchants ; mais ce ne sera point la « médaille elle-même que tu ambitionneras, car je viens « de voir sur une affiche qu'un homme a obtenu une « médaille de même métal, forme et valeur, pour avoir « trouvé une nouvelle façon de glacer le bouillon de « bœuf !... »

Alors, que faire ? Le professorat, n'offre pas de bien brillantes perspectives. « On y trouve beaucoup de su- « jets de dégoût », écrit encore un ami de Jônain. Resterait le journalisme, et l'idée vient à ces jeunes esprits de créer en Espagne un journal mi-français, mi-espagnol... Mais de nouvelles difficultés surgissent : « Les « Espagnols sont dans un moment de crise qui doit dé- « cider s'ils seront vraîment libres »... (*Lettre de Fèvre*). On sait en effet comment, l'année suivante, Ferdinand VII, redevenu roi absolu, grâce à l'armée de Louis XVIII, rétablit l'oppression et le terrorisme dans toute la péninsule et y laissa commettre tant d'atrocités que nos généraux revinrent écœurés de cette expédition.

Et puis, fait encore remarquer Fèvre, commencer si jeune à être journaliste, c'est presque renoncer à être jamais rien de mieux !...

Ce fut donc à l'enseignement libre, et plus tard seulement au journalisme que Jônain décida de consacrer son activité : « La voix de la sagesse, lui écrivait un autre « ami, nous crie qu'on ne peut obtenir le bonheur qu'en « rendant service aux autres et en ne demeurant pas inu- « tile à son pays ». Et peu de jours après, Antonin Bonnin, qui poursuivait ses études à Paris, lui répétait : « Je « sais que la langueur monotone de la campagne n'é- « nerve pas la vigueur de votre génie ; vous travaille- « rez, vous tracerez aux hommes les lois éternelles de « la justice et de la morale ; vous leur montrerez les « sentiers du bonheur »...

Et il lui rappelait leurs longs entretiens, leurs lectures, celles notamment du livre *L'Allemagne,* de Mme de Staël, « cette femme, la première des Françaises après « Héloïse, Jeanne d'Arc, Jeanne d'Albert et Madame « Roland »...

Et maintenant, quelques détails d'un ordre plus matériel et qui vont faire rêver nos ménagères. L'un des quatre frères Bonnin, François, qui était alors principal du collège de Mont-deMarsan, informait son ami « qu'une « maison telle qu'on peut le désirer ne coûtera pas « plus de 300 francs par an ; que le pain de première « qualité est à 17 centimes la livre ; le pain de deuxième « qualité à 52 centimes les quatre livres ; la viande de « bœuf à 65 centimes la livre ; celle de mouton et de « porc à 75 centimes, et le bois de chauffage à 7 fr. 50 « le stère !... »

O paradis perdu, où l'on ne connaissait ni les charmes de la journée de 8 heures, ni les entraves à la liberté du travail, ni les âpres délices du moscoutisme !

(Article de la *Petite Gironde, du* 6 *janvier* 1926).

ROMANTISME ET SUICIDOMANIE

On sait quelle vague de découragement et de pessimisme s'étendit sur la France à la suite des formidables événements de la Révolution et de l'Empire : lois, institutions, croyances, mœurs, ordre social, tout avait été bouleversé. « Ce fut, a dit A. de Musset dans « sa *Confession*, ce fut comme un dénégation de toutes « choses du ciel et de la terre, qu'on peut nommer dé« senchantement ou, si l'on veut, désespérance... Se « railler de la gloire, de la religion, de l'amour, de tout « au monde, c'est une grande consolation pour ceux qui « ne savent que faire »...

Les œuvres de Gœthe et de Byron, *Werther* et *Don Juan*, en pénétrant chez nous, agirent sur les esprits au point d'y propager ce qu'on a appelé la maladie du siècle et d'y déterminer une véritable épidémie de suicides.

On pouvait croire, cependant, que cette étrange maladie n'avait guère atteint que la jeunesse des salons, désœuvrée et plus ou moins débauchée. Les lettres de plusieurs des amis de Jônain nous montrent au contraire que cette fatale maladie avait gagné la province et qu'elle étendait ses ravages jusqu'aux plus honnêtes enfants de nos petites villes et de nos campagnes.

Jônain lui-même, à cette époque, paraît avoir subi l'influence de cette crise de misanthropie et de pessimisme qui avait gagné les jeunes gens. De la petite ville de Bellac, où il était professeur, son excelent ami A. Bonnin lui adressait une lettre *très pressée* pour essayer de lui remonter le moral :

Que votre lettre est cruelle, mon bon ami ! Ce n'est certe pas dans vos bocages enchantés, ce n'est pas au sein de la nature si belle, si intéressante et qui parle un langage si doux au cœur qui sait bien la sentir, que vous avez puisé des idées si funestes ! Inhabile à supporter les ennuis et les peines, le cœur d'un jeune homme s'effarouche aux moindres contrariétés et souvent aux moindres apparences... Avec quel plaisir alors il saisirait la plume de Juvénal pour répandre le fiel dont son âme est pleine... Mais sachez, mon ami, que le premier pas qu'on fait dans le monde est souvent bien douloureux...

Pour s'affranchir de projets plus sinistres, Jônain songea à imiter son ami Allenet, de Saintes, et à partir pour l'Amérique. La lecture faite ensemble au collège des *Lettres d'un Cultivateur américain,* de Hector Saint John de Crèvecœur (1784), avait agi fortement sur l'imagination d'Allenet et de son ami Jônain. Crèvecœur, que Jônain croyait à tort être un Anglais, est un agronome français né à Caen, en 1731, qui, après avoir passé en Amérique une trentaine d'années, revint en Normandie, vers 1784, et y introduisit la culture de la pomme de terre. Jônain communiqua son projet d'expatriation à ses amis qui, l'un après l'autre, s'empressèrent de l'en détourner. L'un d'eux lui écrit de Poitiers, le 4 janvier 1820 :

D'après ta dernière lettre à Bonnin, il parait que la considération des dangers et des troubles qui menacent la France est la principale cause de ta résolution. Lors même que ces craintes seraient fondées, que les maux prévus seraient inévitables, je ne crois pas que le projet de s'expatrier fût celui d'un bon citoyen... Mais d'ailleurs, je ne crois pas que notre France soit dans une position telle qu'on puisse désespérer de son sort. On ne fait pas rétrograder le torrent des siècles ; l'esprit de liberté a fait chez nous des conquêtes qu'il serait difficile de nous enlever... On n'en viendrait à bout que par un coup d'Etat, et on ne l'osera pas parce que l'on risquerait trop....

Et, pour relever le moral déprimé de son ami, voici que l'excellent P. Boisdin, jeune fonctionnaire à Blaye, lui raconte, avec mille détails charmants, une sérénade qu'il vient de donner, en joyeuse compagnie, à une fort jolie demoiselle, « dragon de sagesse » par ailleurs, mais qui « joint beaucoup de coquetterie à un peu de jargon, « sachant minauder, bien placer un bonnet, et voilà « tout !... Oh ! ne maudis pas ce sexe charmant ; ...il « me fera faire encore bien des folies, — et à toi aussi, « mon cher Jônain !... ».

Ces folies, cependant, ne font pas oublier à nos jeunes gens la gravité des évènements politiques ; et ce même Boisdin, le 20 juin 1820, raconte à son ami un incident qui failit mettre à feu et à sang la paisible petite ville de Blaye. On sait combien était peu populaire la nouvelle armée des Bourbons, presque entièrement composée d'anciens émigrés. Les officiers de l'Empire, mis d'office à la retraite, les « demi-soldes », comme on les appelait, contribuaient, par les récits enflammés de leurs victoires, à entretenir contre l'armée du drapeau blanc des sentiments hostiles qui se manifestaient en maintes occasions. C'est un de ces incidents que Boisdin rapporte dans sa lettre :

Pendant une quinzaine de jours, nous avons été sur le qui-vive à Blaye. La Légion que tu y as vue est partie ; en route, elle a rencontré celle qui venait la remplacer ; on a bu ensemble et on a dit sans doute qu'on avait mis les Blayois au pas ! Bref, les nouveaux étaient bien résolus à nous faire la loi ; mais comme ils ne sont que 100 hommes et 9 officiers, c'était un peu difficile. A peine arrivé, un des officiers, nous a cherché querelle, prétextant que nous l'avions regardé. Nous nous sommes comporté vigoureusement, et ça n'a rien été. Mais le lendemain, nous avons eu affaire aux sous-officiers ; les officiers s'en sont mêlés ; la querelle a été terrible ; toute la ville est accourue, et on est parvenu à tout arranger. Mais les incidents reprirent les jours suivants avec les marins du port, et il appert que la Légion fut rossée...

Ce fut vers le même temps que s'organisèrent un peu partout des conspirations militaires dont le but était le renversement des Bourbons. De sévères répressions, de nombreuses condamnations à mort, entre autres celle des quatre sergents de La Rochelle, firent échouer ces malheureuses tentatives. Et Jônain rapporte, dans un de ses carnets de notes, le fait suivant assez peu connu :

« En 1822, des officiers compromis dans l'affaire du « général Berton, traqués de Bordeaux et de partout, « vinrent trouver un refuge dans les bois de Maillé, près « de Gémozac ; et mon père leur portait en secret le « pain de l'hospitalité républicaine... ».

(Art. de la *Petite Gironde*, 20 *octobre* 1925).

PREMIERS VOYAGES

Peu encouragé, nous l'avons dit, par les tristes perspectives que lui offrait la carrière officielle, Jônain l'abandonna et accepta, en 1823, le poste de précepteur des deux fils de la veuve d'un gros propriétaire de Cozes, Madame Goyau, née Marie Paule Bonafous, pieuse huguenote originaire du canton de Roquecourbe, dans le Tarn. Avec ses deux jeunes élèves et leur mère, Jônain entreprit un grand voyage à Paris, avec retour par le pays castrais. En homme prudent et soucieux de ses responsabilités, il passa avec le voiturier chargé du transport, sur grand papier timbré, le curieux contrat qu'on va lire et qui a figuré à l'Exposition du Tourisme, à Grenoble, en 1925.

Entre nous, soussignés, sont et demeurent convenues les dispositions suivantes, savoir :

Moi, François Brunet, voiturier à Saintes, Faubourg des Dames, je m'engage à conduire moi-même, dans une voiture solide et commode, avec deux bons chevaux, par telle route de France qu'il lui plaira, mais spécialement de Saujon à Paris, de Paris en Languedoc et de retour à Saintes, le sieur P. Jônain, soussigné, une dame et son fils et leurs effets de voyage. Je promets d'aller de Saujon à Paris en neuf jours, passant par La Rochelle, et de faire le reste du voyage avec la même bonne volonté. Convenu que j'aurai une dizaine de jours de séjour à Paris et autant en Languedoc à peu près ; mais que, pendant ces deux séjours, ma voiture et mes chevaux seront toujours à la disposition dudit sieur pour quelques promenades de deux ou trois lieues, dans lesquelles il lui sera libre de prendre avec les personnes sus-nommées, un ou deux amis.

Moi, P. Jônain, je m'engage à payer audit Brunet quatorze francs par jour, pendant tout le voyage, excepté les jours où, par sa faute, il ne remplirait pas ses engagements.

Nous sommes convenus de partir lundi 25 avril.

Fait double, entre nous, à Saintes, le 20 avril 1825.

P. Jônain. Brunet.

Une note additionnelle ajoute que le voyage dura 59 jours et coûta 866 francs. Jônain parait donc être resté à Paris plus longtemps qu'il n'avait été prévu. Mais, comme il l'écrivait lui-même à ses parents, « né dans les bois », il ne trouva à Paris que désillusions et désenchantement. Si, au passage, les bords de la Loire l'ont « frappé d'admiration », à Paris au contraire, « le plaisir de voir de belles choses est gâté par l'ennui que « donnent ces tas de boue, ce fracas, le mauvais air d'une « ville immense et mal percée... Paris ne m'a pas trompé ; j'étais sûr de m'y ennuyer ; je m'y ennuie... J'ai « vu pourtant de très belles choses, le lion, l'éléphant, « de jolies chèvres de Virginie et des cygnes.... ».

Il alla toutefois rendre visite à Villemain et dut faire part à un ami de Bordeaux des fortes impressions qu'il avait éprouvées à ces nobles fêtes de l'intelligence qu'étaient les leçons du célèbre professeur ; car cet ami lui répondait, le 11 juillet 1825 : « J'avais déjà entendu « parler de M. Villemain avec enthousiasme.... ».

Quelque temps après ce voyage à Paris et en Languedoc, P. Jônain épousa Madame Veuve Goyau, qui était sensiblement plus âgée que lui ; le ménage se fixa momentanément dans une des propriétés de la Veuve Goyau, à Frétard, dans la commune de Cozes, où Jônain fut bientôt élu conseiller municipal et lieutenant de la Garde nationale.

(Voyage d'un Provinçal à Paris en 1825 ; mon article du *Journal des Débats,* 21 Août 1925).

Mais, tandis que Jônain, nouveau propriétaire, sans interrompre ses travaux intellectuels, se livrait, pendant un ou deux hivers qui paraissent avoir été assez rigoureux, aux plaisirs de la chasse, plusieurs de ses amis, entre autres Allenet, de Saintes, et Cotard, d'Issoudun, n'hésitaient pas à s'expatrier pour trouver en Amérique une atmosphère de liberté. Les lettres que H. Cotard adressait, en 1825 et 1826, de La Guaira et de Caracas, à son fidèle ami Jônain, précisément au moment où le célèbre Bolivar tentait de constituer une fédération des Etats latins de l'Amérique, offrent au double point de vue historique et colonial, un très réel intérêt. J'en ai publié d'assez longs fragments dans la *Petite Gironde* du 9 mars 1926 ; mais ce serait sortir du cadre que je me suis imposé que de les reproduire ici.

Quant à ceux de ces jeunes hommes qui demeurèrent attachés au pays natal, ils durent se créer assez péniblement des situations dans l'enseignement libre ou officiel. De ce nombre furent les quatre frères Bonnin. qui tous, à en juger par leur correspondance, paraissent avoir été des sujets d'une haute valeur intellectuelle et morale.

L'un d'eux, François, qui était alors précepteur du fils du Comte de Narbonne, fit avec son jeune élève, en septembre 1826, une pittoresque randonnée, sac au dos, en Espagne et dans les Pyrénées. Madame Aurore Sand a rappelé récemment, dans le *Journal des Débats*, les souvenirs enthousiastes que son illustre aïeule George Sand avait conservés de son séjour à Cauterets en 1825. Il est assez piquant de rapprocher de son récit enthousiaste les impressions sensiblement plus prosaïques et réalistes de nos jeunes voyageurs. C'était peu de temps après l'expédition entreprise par Louis XVIII en Espagne ; nos jeunes voyageurs rendirent visite à un colonel français qui se trouvait encore en garnison à Pampelune ; et tous ensemble tombent d'accord pour reconnaître que « l'Espagne est la patrie des puces et des punaises !..
« Un piéton a besoin de manger ; il ne trouve que des

« mets étrangement mauvais pour son gosier : il ne man-« gera donc pas ; il ne boira pas davantage, à moins « qu'il n'aime dans le vin un goût de laine sale et grais-« seuse. Quant au logement, un piéton couche avec d'au-« tres piétons, dans un corridor malpropre, sur son « manteau, s'il en a un.... Bref, la malpropreté est ici « à son comble ; c'est moi, Limousin qui vous le dis !..».

Quelques jours plus tard, nos touristes se trouvaient de nouveau en France, et, de Bagnères de Bigorre, F. Bonnin raconte à son ami Jônain la course qu'ils firent à Cauterets et au lac de Gaube, qui est, dit-il, ce que l'on va voir de préférence.

On fait porter son dîner sur la tête d'un homme, car on ne peut aller qu'à pied, et en partant le matin à 7 heures, on n'en revient que le soir... J'admirai la sauvage horreur du lieu, les amas de rochers écroulés, sur lesquels, sous lesquels, à travers lesquels passe le sentier ; la magnifique cascade de Cérizet, le Pont d'Espagne, etc... Il y a ici beaucoup de sources minérales chaudes ; mais depuis que Médée, l'inventrice des bains chauds, a fait bouillir le vieux Pélias, je n'ai plus foi aux sources thermales !.. »

L'amusant scepticisme de son ami sur la vertu des sources n'empêcha cependant pas Jônain de conduire, quinze ans plus tard, sa propre femme à Cauterets pour y soigner ses rhumatismes. Et Jônain, qui jusqu'alors n'avait guère quitté les plaines de la Saintonge et du Bordelais, se découvrit tout à coup des aptitudes de véritable alpiniste et n'hésita pas à entreprendre l'ascension assez périlleuse du Monné. De cet exploit montagnard, Jônain nous a laissé un récit enthousiaste, d'une fort belle tenue littéraire ; je me borne à reproduire ce court fragment :

Tu te souviens d'avoir trouvé à Paris que ce qu'il y a de plus beau, c'est Paris lui-même, vu du dôme des Invalides ou de celui du Panthéon. Il en est de même pour les montagnes. Mais qu'est-ce que Paris auprès des Pyrénées ? Quelques tentes de Bohémiens au pied des Pyramides ; ou plutôt, les vraies Pyramides, ce sont les Pyrénées elles-mêmes : leurs ombres droites et massives comme de lugubres manteaux, le silence, le froid, la stérile horreur, tout ici évoque des tombeaux de colosses... »

(*Petite Gironde,* 1er Janvier 1926).

1830

Cependant, divers indices dans la correspondance des jeunes amis témoignent de la fièvre politique qui s'emparait peu à peu des esprits : « Il y a dix ans, écrivait l'un d'eux, « nos imaginations s'enflam-« maient à la pensée de notre situation politique ; mais « la lutte commence et je crois que la victoire sera déci-« sive... ».

Trois mois plus tard, éclatait la Révolution de juillet. En qualité d'électeur à Jonzac, Jônain venait de contribuer à l'élection de M. Duchâtel comme député. (24 juin 1830). Lorsque parvinrent dans les régions de l'ouest les premièrs nouvelles de l'insurrection parisienne et de la victoire du parti populaire, Jônain et son frère Benjamin firent aussitôt arborer le drapeau tricolore à Gémozac, à Cozes et dans les localités environnantes qu'ils parcouraient au chant de la Marseillaise. De tous côtés leur arrivaient des nouvelles enthousiastes. Du Limousin aussi, Antoine Bonnin écrivait à son ami : « Vous avez « contribué au gain de la bataillle électorale, mon cher « Jônain, et moi j'ai applaudi au triomphe parisien. Nous « sommes libres !... nous n'étions pas des citoyens et « voici des demi-dieux ! Gloire à Paris qui a versé son « sang pour une cause glorieuse ! Nous sommes « libres !... »

Mais ce bel enthousiasme dura peu : Jônain et ses amis libéraux attendaient beaucoup des victoires démocratiques ; ils furent bientôt rebutés et découragés par le maintien au pouvoir de politiciens opposés à toute réforme et ouvertement réactionnaires. Jônain reprit ses travaux littéraires et se vit nommer par le ministre Mérilhou régent du collège de Civray. En lui offrant cette nomination, le Recteur de Paris, Ranc, père d'Arthur Ranc le futur sénateur et président de l'Association des Journalistes républicains, lui donnait avec la plus louable sincérité des renseignements fort peu encourageants sur le poste assigné : « Les régents habitent hors du collège ; « ils louent une chambre, payent une pension assez chè- « re, et ils n'ont que 1000 francs ! Ils sont moins bien « traités, au fond, que les simples maîtres d'étude. Le « Collège de Civray est un très petit établissement, et « votre nomination provisoire sera suivie du titre défini- « tif qu'après plusieurs années, probablement, attendu « que le nombre de régents présents au dit Collège est « plus considérable qu'il ne faut pour l'enseignement « actuel... »

On comprend que Jônain ne se soit pas pressé d'accepter une si brillante situation ! Il reste donc dans sa chère Saintonge, consignant sur son carnet cette simple note qui résume pour lui les trois années qui s'écoulèrent depuis la révolution : Emplête d'un fusil à deux coups. Bonheur de famille à Maillé. Le 22 juin 1834, voté à Saintes pour « Dufaure, élu député après la mort d'Echassériaux. »

AU TEMPS DU ROMANTISME

Dans le volumineux dossier de correspondances que P. Jônain nous a précieusement conservé, se trouvent quelques lettres qui méritent de retenir l'attention de tous ceux qui s'intéressent aux divers épisodes des luttes classico-romantiques.

Deux des auteurs de ces lettres sont des condisciples de Jônain à la Faculté de droit de Poitiers, Antonin et François Bonnin, de Bellac en Limousin, et qui paraissent avoir été, ainsi que leurs deux frères, des jeunes gens d'une très haute valeur intellectuelle et morale.

François Bonnin fut précepteur du fils du comte de Narbonne et demeura un fidèle ami de cette famille : j'ai de lui une lettre particulièrement émouvante, écrite au lendemain de la mort de Madame de Narbonne, qu'il regardait comme sa seconde mère. Une autre lettre nous apprend qu'à la suite de cette perte, Madame de Broglie, fille de Madame Staël, Madame Guizot et M. Guizot lui-même s'intéressèrent personnellement à l'avenir de cet excellent jeune homme ; mais le Conseil Royal passa outre et le relégua dans un poste obscur, comme professeur de philosophie à Bourbon Vendée !...

Antonin Bonnin fut secrétaire particulier du comte de Viel-Castel, alors préfet de la Seine-Inférieure ; il entra ensuite dans la magistrature et devint conseiller à la Cour d'Appel de Limoges. Très fin lettré, il ne cessa de donner à son ami Jônain des conseils judicieux et de hautes introductions dont celui-ci, dans son extrême modestie, ne sut pas toujours profiter.

Jônain, avec une abondante facilité, avait déjà publié en brochures ou dans des revues littéraires, diverses pièces de poésie, qui n'étaient certes point sans mérite ; mais avec une amicale franchise, Bonnin lui avait déclaré qu'il ferait mieux de s'en tenir à la prose. De la rue de la Vieille Estrapade, il lui écrivait, en décembre 1823, non sans une certaine emphase : « Vous travaillerez, « vous tracerez aux hommes les lois éternelles de la jus- « tice et de la morale... Jônain, j'attends de vous une « de ces productions aussi admirables par leur utilité que « par leur talent »...

Jônain lui envoya quelque temps après un nouveau petit recueil de vers, en le priant de le soumettre à l'appréciation de quelques personnalités en vue du monde littéraire de Paris. Antonin lui répondit par une très longue lettre dont je détache les passage suivants :

N'est-ce pas un des beaux privilèges de l'amitié que cette émission libre et franche de nos opinions ? La conscience d'un ami lui en fait un devoir, et, en amitié tout devoir est un plaisir.... Si vous m'en croyez, vous retrancherez donc quelques pièces de votre recueil, vous ferez disparaître certaines imperfections... Après cela, je communiquerai votre manuscrit à quelques littérateurs, entre autre à M. Feletz, membre de l'Institut et rédacteur au *Journal des Débats*, où il se fait remarquer par une critique aussi saine et judicieuse que fine et spirituelle.... Je me trouve par un concours de circonstances dont je suis encore tout étourdi, membre de la « Société des Bonnes Etudes » que vous ne confondrez pas avec celle des « Bonnes Lettres. » MM. de Montmorency et de Châteaubriand sont les fondateurs et protecteurs de cette société ; elle se compose d'un choix de jeunes gens parmi tout ce qu'il y a de plus dévoué aux principes monarchiques et religieux. Vous sentez bien que je suis là comme un poisson sur le rivage, pour ne pas dire dans la poêle... Mais chut ! Je n'ai pas de mot à souffler dans ce moment. Le *Journal des Débats* est donc le seul auquel je puisse m'adresser pour y faire insérer quelques articles littéraires. MM. Andrieux et Villemain, professeurs publics de belles-lettres attirent toute la jeunesse studieuse de Paris. M. Villemain, me paraît avoir plus de force et d'imagination, M. Andrieux plus de grâce et de goût...

Quelques années plus tard, en mars 1830, Antonin Bonnin, qui avait été à même d'apprécier le réel talent littéraire de son ami Jônain, lui faisait part de l'intéressante proposition suivante :

Mon cher Jonain,

Je vous écris avant de quitter la capitale, dans une circonstance qui requiert la célérité : Trois jeunes gens, dont l'un est mon ami, sont ici propriétaires et exclusivement rédacteurs d'un journal de littérature qu'ils ont établi depuis quelques mois et qui maintenant fait ses frais. Un de ces jeunes gens qui a moins de goût et d'aptitude que les autres pour une pareille entreprise, songe à se retirer. En sorte que son emploi de rédacteur et son droit de propriétaire m'ont été offerts. Je n'ai ni accepté ni refusé ; j'ai demandé à réfléchir ; mais j'ai aussi parlé de vous, en disant que si cette proposition vous convenait, nous pourrions accepter par moitié le poste du sociétaire sortant, ou même qu'à mon défaut, il se pourrait que vous en fissiez entièrement votre affaire. Jusqu'à présent, ce journal n'étant pas quotidien, n'a pas été assujetti à un cautionnement. Mais pour le faire prospérer, il faudrait lui donner cette qualité. Le cautionnement serait de 120.000 francs, dont 30.000 doivent être sur la tête d'un des propriétaires. Nos jeunes gens ne peuvent fournir une telle somme. Il faudrait donc que vous la consignassiez seul ou de moitié avec moi... Je crois véritablement qu'il y aurait de l'argent à gagner ; mais ce n'est pas autant cette perspective qui m'a décidé à vous faire part de cela, que celle de vous offrir une occasion de faire valoir vos talents dont vous devez songer, et dont je sais que vous songez à tirer parti. Je ne doute pas que dans peu de temps, vous ne fussiez très avantageusement connu.

Lundi dernier, un auteur déjà connu a lu chez les jeunes gens dont je parle une tragédie qui est en répétition à l'Odéon, et qui me paraît neuve et belle. La pièce a pour titre

Christine (6), et l'auteur est M. Alexandre Dumas. Les doctrines littéraires et artistiques du journal sont celles du « Globe », c'est-à-dire celles de Cousin et de Guizot, ou celles de la jeunesse actuelle. Le titre du journal dont il s'agit est tantôt l'*Album des Salons*, tantôt *Le Lutin des Salons*, tantôt enfin l'*Echo des Salons*. Il paraît le dimanche. Les rédacteurs, en changeant ainsi le titre de leur feuille ont eu pour but de se soustraire au cautionnement qui n'est exigé que pour les journaux quotidiens. On leur a fait deux procès sur ce sujet ; ils les ont gagnés. La couleur rose du papier sur lequel il s'imprime est le seul indice de l'unité du journal.

Si vous vous décidez à faire un voyage à Paris, François, mon frère, vous mettrait en relations avec ces Messieurs.

A. BONNIN.

Nous n'avons pas la réponse que Jônain, dès le 23 mars, adressait à son ami et par laquelle il déclinait la proposition transmise. Il venait de se marier : il habitait aux Gorces de Cozes, le grand domaine de son épouse ; il avait tous les goûts de Jean-Jacques pour la campagne ; il n'avait pas encore oublié « l'ennui » qu'il avait éprouvé cinq ans plus tôt lors de son séjour dans la capitale ; il n'avait aucune envie de retourner à Paris.

(Article de *La Petite Gironde*, du 11 *janvier* 1926).

(6) Après avoir perdu dans la rue le premier manuscrit de cette pièce, d'abord destinée au Théâtre Français, Dumas l'écrivit de nouveau de mémoire, et la fit accepter à l'Odéon, où elle n'obtint qu'un médiocre succès.

LA PREMIÈRE *GIRONDE*

P. Jônain, nous venons de le voir, tenait à rester dans le voisinage de sa chère Saintonge, en y travaillant, par le moyen de la presse et de la parole, à la diffusion de la science, de l'hygiène et d'une saine éducation. Il demeurait alors à Bordeaux, au N° 116 de l'Allée des Noyers. Et si la perspective de s'établir à Paris pour y collaborer à quelque Revue en vogue n'avait exercé sur lui aucun attrait, il demeurait cependant bien résolu à faire œuvre utile dans des milieux qui lui soient plus familiers. Il dut faire part de ses projets à quelques-uns de ses fidèles amis, car, le 12 juin 1833, A. Bonnin lui écrivait : « Vous me parlez d'un « journal dont le plan et le but ont tout mon assentiment. « Il doit parfaitement convenir à votre goût pour la litté- « rature honnête et pour la science utile ; car la polémi- « que passionnée et violente des journaux politiques « n'est point dans vos mœurs, bien que, certes, elle ne « demeure pas étrangère à votre talent »...

Je n'ai pu trouver aucune trace de ce journal, qui, peut-être resta à l'état de simple projet. Mais, deux ans plus tard, par une lettre d'un autre frère de Bonnin, qui était alors en Vendée, à Fontenay-le Comte, nous apprenons que Jônain venait de prendre la direction d'une revue mensuelle qui prenait pour titre : *La Gironde.* « C'est un moyen, lui écrivait son ami, de faire con- « naître ce que vous valez ; car le talent qui se cache, on « va rarement le chercher »... Dans les quelques pages de cette Revue que Jônain a conservées, je remarque un article intéressant sur *La Poésie,* dont j'extrais ce court fragment : « ...Le règne de la poésie convulsive est passé.

« Après de vraies Bacchanales poétiques, Hugo est des-« cendu de l'orage turbulent de ses *Orientales* au calme « pur et diaphane de ses derniers *Crépuscules* »... Et comme l'auteur de ces appréciations demandait qu'on en revint à la poésie virgilienne, il les faisait suivre d'une traduction en vers de la première églogue des *Bucoliques*... Une livraison suivante de la même Revue donnait une traduction, également en vers, de quelques unes des œuvres du poète allemand Uhland. Puis ce fut une étude sur Gœthe, par le professeur Laun, chargé d'un cours de littérature allemande au Collège royal de Bordeaux. Jônain lui-même y publia une étude critique sur Edgard Quinet que je n'ai pu retrouver, mais qui lui valut les éloges de plusieurs abonnés. En qualité d'auteur et de directeur, Jônain dut envoyer quelques livraisons de *La Gironde* à Lamartine, auquel il dédiait une petite pièce de vers :

Si le poétique délire
A de nouveau ravi mes sens,
C'est le jour, ô chantre d'Elvire,
Où, de ta séraphique lyre,
J'entendis les divins accents...

Le chantre d'Elvire fut sensible à cet envoi, car, dès le 20 novembre 1835, il répondait à Jônain :

... Je n'ai pas besoin d'ajouter combien mon cœur jouit d'avoir pu verser quelquefois sa goutte de paix et d'harmonie dans le vôtre. La vaine gloire de l'esprit est bientôt froide ; le bonheur d'avoir consolé une âme fraternelle est toujours chaud en nous.

Recevez, avec ma reconnaissance, l'expression de mes sentiments les plus sincères, et comme écrivain et comme homme.

LAMARTINE.

Saint-Point, 20 Novembre 1835.

Quelques articles de la Revue *La Gironde* avaient paru assez favorables aux idées fouriéristes et phalanstériennes. Peut-être Jônain se laissa-t-il un moment séduire par le caractère philanthropique de ces rêveries sociales. Mais il ne tarda pas à en distinguer le côté chimérique et vain. Quoi qu'il en soit, au bout de quinze ou dix-huit mois, *La Gironde* cessa de paraître et fut, peu de temps après remplacée par une nouvelle publication littéraire, sous le titre de *Revue de Bordeaux*.

(*Petite Gironde*, 23 *Février* 1926).

Mais en même temps qu'il s'intéressait à ces publications de pure littérature, Jônain ne cessait de s'occuper de travaux plus sérieux, et, en 1836, il publiait sa *Grammaire générale et raisonnée*, au sujet de laquelle Villemain, qui était alors Président du Conseil de l'Instruction publique, écrivait au député Théodore Ducos :

Monsieur le Député,

L'ouvrage de M. Jônain a été l'objet d'un double Rapport, précisément parce que ce travail paraissait digne d'un examen plus sérieux et d'une attention plus sévère. Vous savez que rien n'est plus difficile et n'exige un soin plus rigoureux qu'un ouvrage élémentaire. Je serais heureux de contribuer au succès de M. Jônain qui me paraît très digne d'estime par ses connaissances et l'emploi qu'il en fait.

Veuillez, etc...

Villemain.
Paris, 6 *Juin* 1836.

Au cours d'un voyage à Paris que Jônain fit à cette époque, il entra en relations avec Béranger et avec Sainte-Beuve. Il désirait surtout intéresser l'éminent critique des *Lundis* à la traduction qu'il avait entreprise des poésies de Gœthe. Mais l'auteur de *Port-Royal*, qui rentrait à Paris après un séjour à Lausanne se montra peu favorable à cette publication qu'il considérait comme

« très hasardée, pour ne pas dire plus !... » Deux ans plus tard, cependant, une lettre du professeur Laun nous apprend que cette traduction fut hautement appréciée par Vacherot, directeur de l'Ecole Normale, qui se proposait de la communiquer à Victor Cousin ; mais celui-ci était alors gravement malade et les médecins s'opposèrent à ce qu'il entendit cette lecture. Je n'ai pas trouvé trace, dans le volumineux dossier des papiers de Jônain, de cette traduction, manuscrite ou imprimée.

A peine de retour à Bordeaux, Jônain se vit sollicité d'apporter sa collaboration à un nouveau journal, dû à l'initiative de J. H. Fonfrède, fils du Girondin. « Pour-
« quoi, lui écrivait son fidèle ami Bonnin, pourquoi ne
« vous associeriez-vous pas aux travaux de Fonfrède, ne
« fût-ce que pour la partie littéraire ? Cette collaboration
« avec un esprit élevé et chaleureux vous donnerait une
« émulation et une autorité nouvelle. On dit M. Fonfrède
« absolu dans ses convictions, mais il n'y a pas d'asso-
« ciation qui n'exige de mutuelles concessions.... »

(*Lettre* du 17 nov. 1837).

A ce même moment, le Conseil municipal de Bordeaux, sur la proposition du banquier Rodrigues, venait de décider la création de cinq chaires de haut enseignemen historique et littéraire ; et les amis de Jônain, qui connaissaient sa valeur, le pressaient de poser sa candidature à l'une de ces chaires. Mais, jaloux de son indépendance, Jônain qui s'était retiré à Mortagne-sur-Gironde, déclina ces diverses propositions et entreprit à lui seul la publication d'une Histoire de la Philosophie dans la *Minerve de la Jeunesse*, revue périodique qui, elle aussi, ne tarda pas à disparaître.

Se promenant un jour sur la falaise du large fleuve, Jônain, qui venait de lire et de s'approprier les vers du récent volume de Victor Hugo : *Les Rayons et les Ombres :*

Ami, cache ta vie et répands ton esprit,
Quelques rocs, par Dieu même arrangés savamment,
Pour faire des échos au fond du bois charmant,
Voilà ce qu'il te faut pour séjour, pour demeure,...

Jônain, dis-je, ne put se tenir d'envoyer à l'illustre poète l'expression de son enthousiaste admiration :

Merci, Poète saint, vrai pontife de Dieu,
Merci des *Rayons et des Ombres*...
Jamais l'orgue vivant du vieux Palestrina
Ne chanta sous tes doigts un plus pur Hosannah !
A ce consolateur des cœurs bons et fidèles
J'oserai présenter un bouquet de mes vers...

Victor Hugo ne tarda pas à remercier le poète saintongeais, auquel, le 13 juin 1840, avec l'emphase qui lui était habituelle, il adressa les lignes suivantes :

L'écho est quelquefois plus doux que la voix. Vos vers, éveillés par les miens, le prouvent. Vous avez l'âme qui fait comprendre Dieu et le cœur qui fait comprendre l'homme.

V. Hugo.

(*Petite Gironde*, 5 avril 1926).

A BORDEAUX

Il y avait, vers le même temps à Bordeaux, tout un groupe de fins lettrés, dont quelques-uns n'avaient pas été sans subir l'influence des théories socialistes de Pierre Leroux et de Fourier. Oubliés aujourd'hui pour la plupart, ils vivaient dans la chimérique illusion de leurs rêveries humanitaires, et l'un d'eux, Frédéric Garnier (7), homme d'une très vaste érudition, écrivait, au début de l'année 1840, à son ami Jônain : « Je partage « bien vos vœux pour l'humanité entière. Tâchons, mon « cher Ami, de lui être utiles en propageant autant qu'il « est en nous les idées de charité et d'égalité.... ».

Deux femmes, la socialiste belge *Zoé Gatti de Gamond,* et surtout *George Sand,* paraissent avoir exercé sur ces doux philantropes une séduction particulière. Et Garnier engageait vivement son ami à entrer en correspondance avec George Sand, pour se faire ouvrir les portes de la *Revue de Paris*. Jônain, en effet, eut l'idée d'intéresser la célèbre romancière à ses propres travaux : il venait de publier quelques ouvrages de vulgarisation scientifique, entre autres une *Grammaire pasigraphique* destinée à faciliter l'étude simultanée des langues étrangères. Il en adressa des exemplaires à George Sand, en accompagnant cet envoi d'un petit poème de sa façon, émaillé d'allusions aux œuvres de l'auteur d'*Indiana* :

(7) Ch. Frédéric Garnier, né en Allemagne, en 1805, d'une famille de Huguenots réfugiés lors de la Révocation. Etabli à Bordeaux comme courtier maritime et négociant, il se lia intimement avec Jônain. Ses lettres mériteraient de trouver place dans cette Notice. Il mourut en 1869.

Je cherche ce qu'en vous j'ai trouvé tant de fois.
La beauté, le secret de ses métamorphoses
Dont vous donnez l'exemple et formulez les lois...

Peu de jours après, il recevait la lettre suivante, datée du 21 avril 1842 ; on y retrouvera toute la charmante modestie de celle qui se croyait « trop bête » pour faire du journalisme :

MONSIEUR,

Il faut me pardonner de n'avoir pas encore répondu à votre lettre. Elle demandait à être méditée, et ce n'est pas au milieu des affaires et des occupations multiples de la vie de Paris que je pouvais et que je pourrais encore aujourd'hui vous dire toute mon estime et toute ma sympathie pour les immenses travaux que vous avez entrepris et menés à bien avec tant de conscience et de persévérance. Etant fort peu instruite dans les choses exactes, je serai toujours un juge peu compétent. Mais je vois à travers votre œuvre un idéal que je cherche de mon côté, moins méthodiquement, il est vrai, dans mes écrits.

Je me réserve, Monsieur, de vous dire mieux dans quelques jours de loisir, tout ce que vos méthodes inspirent et méritent. En attendant, je ne veux pas vous laisser croire plus longtemps que je suis ingrate et que je ne sens pas le prix de la bienveillance que vous me témoignez.

Croyez à ma gratitude bien vive et bien vraie, et recevez l'assurance de ma considération bien distinguée.

GEORGE SAND.

Cette intéressante lettre doit se trouver encore, avec quelques autres, à la Bibliothèque municipale de Royan, à laquelle cette précieuse collection d'autographes fut donnée par ma belle-mère, Madame Gautriaud-Jônain.

(Article donné au *Journal des Débats*, 28 *Mai* 1926).

Pendant le cours de l'hiver 1842, le Père Lacordaire vint prêcher le Carême à Bordeaux, Jônain ne paraît pas avoir cédé à l'engouement général qui pressait les foules au pied de la chaire du célèbre dominicain ; ses amis bordelais, F. Garnier, le professeur Laurı et quelques autres lui communiquaient par lettres leurs impressions qui ne laissent pas d'être intéressantes :

Lacordaire fait fureur ici ; je ne puis encore risquer une opinion sur son mérite ; mais autant que j'ai pu en juger, je doute qu'il eût jamais acquis tant de célébrité si ses rapports avec Lamennais ne l'avaient d'avance élevé sur un piédestal... Dans les parties philosophiques de ses discours, il n'est pas difficile de reconnaître un disciple de Lamennais. Au total, c'est une magnifique intelligence, dans laquelle il me semble que la foi aveugle et le rationalisme se livrent, peut être à son insu, un combat dont le résultat ne peut être douteux ; et si l'abbé Lacordaire est de bonne foi, nul doute, pour moi, qu'il ne finisse pas où son maître a fini... »

Peu de temps après, Jônain et son frère Benjamin eurent à s'occuper activement de la reconstruction du temple protestant de Gémozac (8), dont la dédicace eut lieu, nous dit-il dans son journal, le 30 septembre 1845, avec une grande solennité et une affluence imposante de pasteurs et de fidèles des deux cultes. P. Jônain com-

(8) A l'occasion de la création d'une école protestante à Gémozac, le vénérable pasteur Alex. Crottet, auteur d'ouvrages historiques de grande valeur, écrivait à Jônain, le 3 janvier 1846 : « ....Je suis « bien reconnaissant de ce qu'il y a d'obligeant pour moi dans votre « lettre, et je suis heureux que vous approuviez l'établissement « d'une école protestante à Gémozac. Puissions-nous seulement « trouver bientôt un instituteur intelligent et capable, un homme qui « travaille à faire des élèves confiés à ses soins des enfants dociles « et respectueux, de bons citoyens et de vrais chrétiens. Croyez, « Monsieur, que je serai toujours charmé de pouvoir vous témoigner « l'affection sincère que vous avez su m'inspirer, et veuillez agréer « l'assurance de mon respecteueux dévouement A. CROTTET ».

posa, sur cette cérémonie, un assez long poème, dont je détache ces quelques vers :

L'enfance veut aussi la retraite et la paix ;
L'instruire, c'est encore une mission sainte ;
Qu'elle aille chaque jour apprendre en cette enceinte
A dilater son cœur, élever sa raison,
Aimer Dieu, la Patrie, et sondant l'Ecriture,
Accorder ces deux lois : la Bible et la Nature,
Ce lieu sera toujours un temple d'oraison...

1848

Je transcris ici textuellement deux ou trois pages d'un petit carnet de poche que P. Jônain destinait à son neveu Benjamin Jônain, prématurément enlevé, en 1872, à l'affection des siens :

Arriva le 24 Février 1848 !... Me trouvant dans une réunion populaire au Manège de Bordeaux, je ne pus me tenir de défendre contre un aristocrate les circulaires de Ledru, Rollin et de Carnot. Le peuple reconnut en moi un des siens et me manifesta une sympathie qui a fait de ce jour et du 16 mars, où je reçus une véritable ovation au Club de la Fraternité, deux des plus beaux jours de ma vie. Je fus bientôt élu à l'unanimité vice-président et plus tard président de ce Comité qui se tenait rue Minvielle, aux Chartrons, j'y ai admiré l'intelligence politique et les vraîment nobles sentiments du peuple. C'était le Club que, de leur propre aveu, les réactionaires craignaient le plus, à cause de son calme et de sa dignité réfléchie. Sur ma motion, nous obtînmes que l'Arbre de la Liberté serait béni, puisqu'on voulait le bénir,, par les ministres des trois cultes pratiqués à Bordeaux... En novembre 1848, la *Solidarité* Républicaine se forma. Je fus désigné à Paris pour être le secrétaire général de cette association dans la Gironde. Lamennais était au nombre des membres... La Société était légale et pouvait servir à réparer une faute de Lamartine, à unir les peuples en dépit des frontières et des rois. La réaction ne s'y trompa point ; nous fûmes poursuivis et j'eus à subir deux visites domiciliaires... Devant le Jury, j'eus le bonheur de prononcer quelques paroles bien senties qui contribuèrent à relever l'attitude du groupe des 17 accusés, et qui excitèrent des murmures de sympathie dans l'auditoire. Le Président Henri fut partial dans son résumé. Nous fûmes acquittés tout juste le 19 décembre 1849. L'avocat général Troplong fut envoyé en disgrâce à Nîmes...

Mais les évènements politiques se précipitent et s'aggravent. On sait comment le coup d'Etat de Décembre 1851 vint terroriser Paris et les départements mis en état de siège. Et Jônain qui avait ouvertement manifesté ses sentiments démocratiques dans de nombreux articles ou opuscules de propagande (*Livret d'un Républicain*, 1848 ; *Libres Etudes*, 1850 ; *La Tribune de la Gironde ; Le Travailleur de Rochefort ; Le Républicain du Midi*, 1851), Jônain, dis-je se borna à écrire cette laconique mention au verso d'un de ses articles des *Libres Etudes* : « Publication interrompue par les évènements de 1851 : Silence à toute vérité ».

Et, dans un autre cahier, à la même époque, il écrivait encore : « Il fallut faire rentrer en nous nos aspira« tions généreuses... Nous nous résignâmes au culte inté« rieur d'une sainte et indéfectible espérance, et nous « redescendîmes la montagne que nous avions si heu« reusement montée !.... ».

Dès lors, et pendant plusieurs années, il ne se livra plus qu'à des travaux littéraires ou scientifiques, fréquemment interrompus par des deuils de famille ou d'amitié. Il écrit dans une page de son journal : « En« core des larmes, larmes de fils, d'ami, de frère, ou « d'époux. Notre petite planète est plus fertile en cy« près qu'en myrtes et en rosiers ». Et il dresse en quelques feuillets une sorte d'obituaire, dont la tristesse, dit-il, vient « s'ajouter à nos immenses deuils civi« ques !... ».

En 1857, il perdit son père, âgé de 82 ans ;

En 1862, sa femme, née Pauline Bonafous ;

En 1863, une petite-nièce, Alice Gautriaud, décédée à Laigle ;

L'année suivante, une autre petite-nièce, Angèle Jônain ;

Et, la même année, son cher frère Benjamin meurt à Gémozac, d'une attaque d'apoplexie, au moment de se rendre, pour une réunion de famille, à Saint-George de Didonne, où, quelques années plus tard, le fils de celui-ci, à peine âgé de 40 ans, allait mourir subitement en prenant un bain sur la plage, en présence de sa femme et de sa fille !...

Enfin, en 1878, son autre neveu, Théophile Gautriaud, meurt à Royan, de la rupture d'un anévrisme.

Et Jônain écrit dans son journal : « J'ai perdu mère, « père, femme, frère, neveux, amis.... ; mais je n'ai « jamais cru qu'ils fussent perdus pour moi.... Revivre « sous une forme plus pure et se retrouver, parents et « amis, voilà l'espérance dont j'ai pour garants Dieu, « ma conscience et le sens démocratique de l'humani- « té.... ».

De nouvelles amitiés, nouées avec de nobles esprits, vinrent bientôt, cependant, combler en partie les vides que la mort avait faits dans le cercle familial et intime de Jônain. Au mois de février 1846, se trouvant à Bordeaux, il avait écrit à sa femme, qui retournait à Gémozac : « Le jour même de ton départ, je le passai tout « entier à me promener, mais non pas seul, avec un ami « rare et précieux, M. Jules Michelet, dont le nouveau « livre, intitulé *Le Peuple,* est le plus beau et le plus « utile que je connaisse. Je te l'enverrai un de ces jours, « couvert de mes notes en marge, presque toujours sym- « pathiques aux grandes idées et aux nobles sentiments « de l'auteur... ».

Des relations étroites et suivies s'établirent dès ce moment entre le professeur bordelais et le célèbre historien. Jônain, dans son journal, mentionne sans aucun détail une visite qu'il fit à Michelet et à sa charmante jeune femme pendant un séjour qu'ils faisaient à Arcachon.

Et c'est sans doute sur ses instances jointes à celles de leur ami Eugène Pelletan, que M. et Mme J. Michelet se décidèrent à venir passer quelques mois à St-Georges-de-Didonne, où l'on sait qu'ils furent témoins de l'effroyable tempête d'octobre 1859, si magnifiquement décrite dans leur fameux ouvrage, intitulé : *La Mer.*

A la requête de Mme J. Michelet, la plupart des lettres de l'illustre historien ont été restituées à sa veuve, et doivent se trouver parmi la volumineuse correspondance en grande partie inédite, qui se trouve à Carnavalet. Une, cependant, demeure en ma possession, encartée sous la couverture du volume : *La Montagne*. Je la reproduis ici textuellement :

Hyères, 28 j. (*Janvier*) 68.

Vous avez furieusement d'esprit, mais je n'avale pas votre *Jésus.* J'espère vous convertir, et j'y travaille ; mais avant cela, vous allez recevoir un pavé, — d'histoire naturelle — la *Montagne,* pas moins que cela !

Nous vous serrons la main affectueusement.

J. MICHELET.

A l'exception des quelques volumes et documents qui ont été indélicatement soustraits aux légitimes héritiers de P. Jônain, je possède la collection à peu près complète de ses œuvres imprimées ou manuscrites ; et je ne vois guère à quoi peut bien faire allusion la phrase assez énigmatique de la lettre que je viens de citer : « Je n'a-

« vale par votre Jésus ! » (9) M. Paul Dyvorne cite, à ce propos, un fragment d'un article que Jônain avait donné à l'*Indépendant de Saintes*, et qui semble donner quelques éclaircissements sur le mot peu révérencieux de Michelet :

Un des bonheurs et des honneurs de ma vie, écrit Jônain dans cet article, a été de voir quelquefois M. Michelet, et d'oser alors, porter plus haut qu'il ne le faisait lui-même, trois personnages historiques : Christ, Rousseau et Robespierre. Soit erreur, soit droite vue, nous indiquions dans Jésus l'humanité divinement rêvante ; dans Jean-Jacques, l'humanité réveillée, et dans Maximilien l'humanité réduite malgré elle à exercer son droit de légitime défense contre ceux qui lui demandaient la « bourse ou la vie... »

Cet article fut envoyé à Michelet, et la lettre de celui-ci, datée du 28 janvier, semble bien en avoir été la réplique.

(9) Nous n'avons ni à rechercher ni à apprécier ici quelles pouvaient être, sur ce grave sujet, les opinions particulières de Michelet ; mais quant à la profondeur des sentiments religieux de Jônain lui-même, on en trouverait le témoignage dans la plupart de ses ouvrages philosophiques ou littéraires. Dès 1835, il écrivait dans la *Minerve de la Jeunesse* : « L'historien philosophe réserve « son estime plus entière pour les messagers de paix, pour ceux qui « ont dominé sur les esprits par la force de la vérité, au lieu de « faire des esclaves par la violence....., pour ceux surtout qui, joi- « gnant l'exemple aux préceptes, se sont dévoués de corps et « d'âme à leurs doctrines, se sont sacrifiés à l'humanité : Pythagore, « Socrate, Epictète ; au-dessus d'eux, et bien plus haut encore, « dans sa mission vraiment évangélique, celui qui, nous ayant ap- « pris à dire : « Pardonne-nous nos offenses comme nous les par- « donnons à ceux qui nous ont offensés », a donné sa vie afin de « nous procurer ce double pardon.... ».

Et quelques années plus tard, en 1844, rêvant sur les bords de la Creuse, il écrivait ces vers :

Pourquoi se dire seul, quand le moment suprême
De revoir tous les siens, là-haut, luira dans peu ?
Pourquoi se dire seul, en nommant ceux qu'on aime ?
Pourquoi se dire seul en invoquant son Dieu ?

Par contre, on lira sans doute avec le plus vif intérêt la belle lettre que Mme J. Michelet adressait à Jônain en 1867 :

Paris, ce 25 Juillet 1867.

CHER MONSIEUR,

Excusez-moi de ne vous avoir point encore remercié de l'article que vous avez fait pour mon livre ; je ne l'ai point reçu, et ce n'est que par votre lettre que j'ai su cette aimable attention. Nous arrivons de Suisse, où nous avons passé trois mois, allant de montagne en vallée, herborisant, nous enivrant du parfum des sapinières. Pendant ce temps-là, les lettres nous arrivaient rue de l'Ouest et nous attendaient. Nous nous hâtons de réparer une négligence qui n'est qu'apparente.

Quand reverrons-nous ce cher Saint-Georges où nous avons passé de si agréables moments ? Voilà huit ans que les petits œillets des dunes fleurissent sans nous. La faute en est à ce voyage obligé du Midi, fait au gros de l'hiver, et qui nous force ensuite à remonter vers Paris pour y passer l'été ! Que notre souvenir au moins reste au milieu de vous, avivé de temps à autre par la présence de nos chers Pelletan. Il y a un siècle que nous n'avons reçu des nouvelles des Larroque, et pourtant, nous sommes sûrs qu'ils nous aiment toujours. N'est-ce pas Madame qui vient de nous envoyer sous un pli deux grandes et belles pensées ?

Le soir, quand vous vous promenez sous les falaises de Vallières, et que vous voyez Cordouan s'allumer, saluez-le pour nous. Que de fois, assis tous deux en face de lui, nous avons attendu avec une sorte d'impatience le trait de son premier regard !

Bien à vous, cher Monsieur, par l'amitié reconnaissante.

A. MICHELET.

(*Journal des Débats*, 12 *fév.* 1924)

A ROYAN

C'EST, en effet, de Saint-Georges, dans le joli châlet du nom d'*Ithaque*, construit par son neveu, le capitaine Ulysse Mossion (10), que Pierre Jônain, après les deuils qui l'avaient si douloureusement frappé, s'en vint, nous dit-il, goûter quelques instants de calme et de reprise à la vie. Lui aussi, comme ses amis Michelet, il guettait, le soir, le premier éclair du feu tournant de Cordouan, qui lui inspira ces quelques vers, encore inédits :

Cordouan, un ami lointain,
Ce soir, par ma voix te salue !
Il se rappelle que ta vue
Symbolise notre destin :
Une lumière intermittente
Au sein des espaces déserts,
Mais dont la clarté bienfaisante
Signale les écueils couverts,
Et, dans sa pureté constante,
Brave en haut les vents et les mers.

(10) Le capitaine Ulysse Mossion, mort à St-Georges-de-Didonne, en 1900, était le neveu et filleul de P. Jônain. Engagé comme marin, en 1846, à bord de la goëlette *Oscar*, de Nantes, il fut embarqué l'année suivante, sur la *Belle Poule*, le navire qui avait rapporté de Sainte-Hélène, les cendres de Napoléon. — De Valparaiso, en juillet 1847, il racontait à son parrain comment il avait reçu le baptême traditionnel en passant la ligne. Et deux ans plus tard, il lui donnait, de Palerme, quelques détails sur la démonstration que les flottes française et britannique faisaient devant cette ville, que Ferdinand II, roi détrôné des Deux-Siciles, voulait bombarder et reprendre : « L'amiral Baudin vient d'arriver hier avec « l'amiral anglais, escorté d'une couple de vaisseaux et de cinq ou « six frégates à vapeur, pour être témoins de l'attaque de Palerme « par les Napolitains... L'*Inflexible* qui était resté dans le port va « reprendre son poste en rade, où nous resterons si les affaires ne « changent pas..... ».

De ce calme séjour, il s'en allait chaque matin jusqu'à Royan, le long de la Grande Conche, et remontait jusqu'à Foncillon, où il venait d'acheter et faisait réparer la petite maison qu'il habita jusqu'à sa mort. « J'y portai, écrivait-il, « un portrait de Pauline, ma musique, un « Virgile, et je plantai dans le petit jardin des souvenirs « végétaux de presque tous les lieux que j'avais habités, « spécialement deux lilas et un cerisier de Maillé, un « fusain du Râ, un tamaris près du puits et qui domine « aujourd'hui tous ces chers colons..... » (1860).

En compagnie de sa vieille bonne, Adèle Bouyer, à laquelle, en dépit de son âge, il donnait des leçons de lecture, il habitait, dit-il, sa petite cuisine, plutôt que ses salons, « car j'en ai deux, pas bien grands, un d'hi« ver et un d'été. Au coin de mon feu, tous mes gens, « un chat et une poule, en sécurité et en repos, je me « sens ravi d'antique paix pastorale, un vrai parfum « d'âge d'or.... ».

Mais cet asile du sage devint bientôt le rendez-vous préféré des lettrés et des hommes politiques qui fréquentaient alors les plages de Royan : « Mon petit salon, écrit-il, « grâce à ces réunions, a vu de dignes fêtes de « la pensée.... ». Tout en continuant à donner quelques leçons, il publiait successivement, un *Essai de Grammaire universelle,* qui est une véritable préface de l'*Espéranto ;* — une traduction en vers du *Poème héroïque de Roland,* qui lui valut les plus chaudes félicitations de Michelet (1861) ; — une *Notice populaire sur Bernard de Palissy,* (1864) ; — une traduction du *Prométhée enchaîné* d'Eschyle (1869) ; — une savante *Etude historique sur la Commune de Gémozac,* d'après les Mémoires du Curé Pouzeaux (1876) ; — et un nombre considérable d'opuscules de moindre importance et d'articles de revues ou de journaux.

Il aurait même voulu faire à Royan, dans sa ville d'adoption, des lectures publiques, ou, ce que l'on a appelé depuis des conférences pour l'instruction des ouvriers et des adultes. Mais il avait compté « sans l'auto- « risation indispensable sous le bon plaisir du Ministre, « et qui me fut refusée avec menaces policières ! Mon « dossier républicain était là... Comment n'y avais-je « pas songé ?... ».

Mais les continuelles tracasseries d'un régime politique oppresseur n'étaient pas de nature à refroidir la généreuse activité de Pierre Jônain. Il avait à cœur de créer à Royan une bibliothèque populaire, et il fut, dans ce but, un des premiers adhérents de la *Ligue de l'Enseignement*, fondée par Jean Macé. Il fut dès lors en relations suivies avec le charmant auteur des *Contes du Petit Château*, qui, à son retour d'Egypte, où il était allé organiser une section de la Ligue, lui écrivait, à la date du 27 décembre 1869 :

Je trouve votre lettre et votre livre en arrivant d'Egypte... Mille remerciements pour votre Dictionnaire. J'applaudis des deux mains à cette revendication de nos vieilles origines gauloises, sur lesquelles on a greffé des tas d'autres races, latines et autres...

A vous cordialement,
Jean Macé.

Vers le même temps, le député B. Raspail exprimait à Jônain ses remerciments et chaudes félicitations à propos de certains travaux historiques et littéraires aux tendances nettement libérales et démocratiques.

Mais dès la chûte de l'Empire, après le désastre de Sedan, Jônain prenait l'initiative de créer, pour Royan et les environs, un « Comité Républicain pour la Défense Nationale et pour l'Instruction populaire. » (Séance du 26 septembre 1870). Le 29 novembre, le Comité Républicain de La Rochelle s'associait aux initiatives prises par le Comité de Royan et, sur la proposition de Jônain, les candidatures d'*Eugène Pelletan*, de *Gambetta*, de *Garibaldi,* etc. étaient acclamées pour les prochaines élections législatives. Des conférences populaires étaient organisées dans toutes les localités environnantes. Il entretenait le patriotisme de ses concitoyens par la lecture publique et le commentaire des courageuses lettres qu'il recevait, par ballons montés, de son cher neveu Benjamin Jônain, mobilisé à Paris. Voici quelques extraits de ces intéressants messages :

Paris, 27 *Octobre* 1870.

CHER ONCLE,

Je t'envoie ce petit journal (*Lettre-Journal, Gazette des absents*), qui peint très bien la situation présente dans la capitale... On verra que Paris ne se démoralise pas et tiendra jusqu'au bout... Le gouvernement a l'appui de la population ; il y a un parfait accord. On n'a tous qu'un seul but...

Paris, 2 *Décembre* 1870.

... Des opérations militaires sérieuses ont commencé depuis trois jours... Elles sont dirigées par le Gouverneur de Paris, général Ducrot, dont tu liras ci-contre (Dépêche, Ballon autographiée), la magnifique proclamation...

...J'espère que nous sortirons bientôt de cette position critique... Je suis désolé de n'avoir aucune nouvelle de Sophie et de vous tous. Autour de nous, on reçoit des dépêches et aucun de nous n'en reçoit !.. Les pigeons qui sont chargés de ces dépêches ne peuvent plus entrer dans Paris. C'est bien triste ! Je recommande bien à Sophie de m'en adresser : sur la quantité, une arrivera peut-être ? Alors, j'en serai si heureux !...

Enfin, une troisième lettre, sur papier pelure très léger et datée du 30 décembre, donne des détails sur les premiers résultats du bombardement de Paris par les Allemands et sur nos attaques infructueuses au plateau d'Avron... B. Jônain terminait sa lettre fort longue par des paroles d'espérance :

Quelle triste fin d'année et quel mauvais début pour celle qui succède ! Néanmoins, souhaitons-lui la bienvenue, car elle nous apportera la délivrance. Pour nous, formons le vœu d'être réunis aussitôt qu'il plaira à Dieu... Car maintenant, la fin de cet état de choses ne peut plus être éloignée... Nous avons depuis huit jours de 10 à 12 degrés au-dessous de 0, de la neige et du vent assez fort...

Votre neveu bien dévoué,

B. JONAIN.

Une grande séance, tenue le 6 septembre 1872, dans le préau de l'Ecole communale de Royan réunissait le vaillant défenseur de Belfort, le Colonel *Denfert-Rochereau, Eugène Pelletan,* le distingué professeur de Strasbourg, *Colani,* etc.

La féconde activité de Jônain lui valait les plus précieux encouragements. Un ami politique lui écrivait de Versailles :

Votre livre sera un flambeau pour Royan pendant la période électorale : c'est une de vos bonnes œuvres ajoutée à tant d'autres ! Que vos concitoyens vous en soient reconnaissants ! Vous conservez les noms de ceux qui, au jour des angoisses se sont montrés patriotes. Que dis-je ? mon cher Président d'honneur : vos compatriotes sentent comme moi et leur résolution à votre égard vaut bien ce sabre d'honneur que notre première République décernait à ceux de ses enfants qui l'avaient bravement servie sur le champ de bataille... »

Quelques troubles, cependant, survinrent au sein du Comité de Royan, une sorte de poussée de quelques jeunes gens contre de plus vieux. « Virgile, écrit Jônain, nous aurait parfaitement comparés à des essaims d'abeilles en guerre, que le jet d'un peu de poussière ramène à la paix... »

Péniblement affecté néanmoins par ces dissensions, Jônain, déjà presque octogénaire, crut devoir donner sa démission de président. (1878) Mais cette détermination lui valut aussitôt de nombreuses et sympathiques protestations : l'une des premières fut celle du sénateur *L. H. Carnot :*

Je proteste contre la feuille que vous m'avez envoyée, mon cher Concitoyen : Ni démission politique, ni démission poétique, s'il vous plait ! Vous prouvez trop bien par vos actes et par votre langage que vous n'avez droit ni à l'une ni à l'autre retraite.

A vous,

CARNOT.

En même temps, le savant philologue *Emile Littré* lui adressait la lettre suivante :

SÉNAT

Paris, rue d'Assas, 44.
29 *Octobre* 1878.

MONSIEUR,

J'ai reçu vos *Démissions par Vétérance.* Bien que ce ne soit pas une lettre et qu'une réponse ne fût pas exigée, je n'ai pas voulu me priver du plaisir de vous féliciter en cette mémorable circonstance de votre vie. Le *nunc dimittis servum tuum* est touchant, quand c'est un octogénaire qui parle, un octogénaire qui a servi activement et fidèlement ses concitoyens dans sa ville natale, et qui demande qu'on remette la tâche à des mains plus jeunes ! Je suis un peu moins âgé que vous : je ne serai octogénaire que dans deux ans et trois mois ! Je ne sais pas prévoir l'avenir de si loin. En tous cas la maladie douloureuse qui m'assaille depuis longtemps me retire d'une façon discourtoise le fardeau que vous déposez si gaillardement.

Je vous serre la main,

E. Littré.

Voici, du député *B. Raspail*, un fragment d'une lettre relative à la laïcisation du Panthéon :

CHAMBRE
DES DÉPUTÉS

Cachan (Seine)
14 Juin 1880

Cher et vénéré Concitoyen,

... Ce qui reste à faire, ce qui aurait dû être fait au lendemain du renversement de l'Ordre moral, c'est de rendre le Panthéon « A la Mémoire des Grands Hommes »...

Espérons que les petits-fils de 89, quoique bien abâtardis, ne tarderont pas à voter la proposition. Ils ne feront en cela que ce que fit la Royauté du Parapluie, le 26 août 1830...

Agréez, cher Citoyen, mes respectueuses salutations,

Benj. Raspail.

De son côté, un vieil et fidèle ami, le sénateur *Eugène Pelletan,* lui écrivait, le 16 mars 1882 :

SÉNAT

Paris, le 16 Mars 1882.

Mon cher Doyen,

Je suis bien en retard avec vous ; depuis deux mois je ne suis qu'un *à peu près !* Il m'a fallu renoncer par ordre du médecin, à ces affreuses pattes de mouche dont j'ai trop abusé. Mon encrier est aussi à sec que mon cerveau. Enfin, le soleil de mars a remis en mouvement le peu qui reste de sève dans le vieux tronc desséché, pour vous remercier du patriotique travail sur le Comité de Royan. C'est votre œuvre racontée par l'ouvrier. Vous avez droit d'en être fier, car vous avez contribué plus que personne à la régénération de notre petite ville, autrefois bien arriérée, hélas !

Je compte les jours où je pourrai déguerpir du Luxembourg et m'en aller longuement causer avec vous sur le canapé de votre édicule qui vaut mieux que tous les prétentieux chalets de Royan. Il est meublé de vos œuvres, de vos longues années consacrées à la philosophie, à la sasagesse, à la démocratie. S'il y a encore un Dieu, c'est chez vous qu'il a dû faire élection de domicile.

Je ne vous dis pas à *quinzaine,* comme au dit au Palais, mais dans quinze jours, j'irai vous serrer la main.

Tout à vous, *ex imo corde,*

Eug. PELLETAN.

Deux lettres encore, adressées de la Chambre et du Sénat, au vénérable vieillard dont la laborieuse existence allait s'éteindre quelques semaines plus tard :

SÉNAT 14 *Juillet* 1884.

Tous mes remerciements, mon cher Maître, de votre envoi qui m'arrive ce matin. Je suis bien fier d'avoir votre approbation dans ce que j'ai dit du projet de la Fête Natonale en l'honneur de Jeanne d'Arc.

Salutations respectueuses et bien sympathiques,

Jean MACÉ.

ASSEMBLÉE NATIONALE 14 *Août* 1884

Cher et vénéré Concitoyen,

Merci de votre bonne et excellente lettre.

Chez vous le cœur ne vieillit pas. Vous êtes toujours fidèle à vous-même, aux grands et sublimes principes qui ont animé et guidé toute votre vie. Recevez, avec mes remerciements pour votre sympathie qui m'honore, mes vœux bien sincères pour la nouvelle année dans laquelle vous venez d'entrer, et l'assurance de mes sentiments de respect et de cordialité.

Jules STEEG,
Député de la Gironde.

Non, chez P. Jônain, le cœur ni l'esprit ne vieillissaient. Mais le corps usé par les veilles était à bout de résistance. Ce fut le 4 novembre 1884 que cette belle intelligence s'éteignit. Pour lui, comme pour le sage dont parlait La Fontaine, la mort.

Rien ne troublant sa fin, fut le soir d'un beau jour.

Lui-même, pressentant sa fin prochaine, avait préparé le texte de son faire-part mortuaire, et il avait écrit, à la dernière page du gros manuscrit qu'il avait intitulé : *Une Vie :*

Si Dieu me demandait : Veux-tu recommencer ta vie ? Je répondrais :

Non, mon Dieu ; autre chose ou rien !
Mais, dans l'espoir d'une autre Aurore,
Par la nuit sombre presque vaincu,
Mon Dieu, je te rends grâce encore :
Je suis content d'avoir vécu.

QUELQUES APPRÉCIATIONS SUR L'ŒUVRE DE JONAIN

Au cours de cette monographie, l'occasion s'est offerte de mentionner quelques-unes des œuvres philosophiques ou littéraires de P. Jônain, celles du moins qui retinrent l'attention des lettrés et lui valurent des témoignages d'amitié et de haute estime.

Nous reproduisons ici quelques-unes des appréciations critiques auxquelles donnèrent lieu ces diverses publications.

Le 27 mars 1849, la première édition de son originale *Méthode pasigraphique* était l'objet d'un Rapport des plus favorables sur « l'utilité de cette savante découverte » qui semble avoir ouvert la voie à l'*Esperanto*, comme essai de langue internationale. Refondu et complété sous le titre de *Grammaire universelle*, en 1858, cet ouvrage fut analysé et hautement apprécié par l'Institut historique de France, sur le Rapport du professeur Sédail.

Au Congrès scientifique de France, tenu en 1861, ce savant ouvrage fut présenté et résumé en ces termes par le rapporteur : « M. Jônain ne vise pas, comme d'autres, à remplacer tous les idiomes existants par une seule et même langue parlée ; ses prétentions, beaucoup plus modestes, se bornent à indiquer une écriture dont les signes, peu nombreux et faciles à tracer, seraient un moyen aisé de communication entre les hommes de tous les pays... Sa méthode a reçu l'approbation d'hommes d'un grand mérite... » (*La Gironde,* 21 sept. 1861).

En 1860, P. Jônain publiait à Paris, chez Chamerot, sa traduction en vers français du *Poème héroïque de Roland,* au sujet de laquelle Michelet lui écrivait : « Je vous ai lu avec le plus grand plaisir ; c'est un prodige de grâce et de facilité... »

Et Mistral lui envoyait, de Maillane, ce billet de sincère admiration : « Vous avez surmonté avec une grâce ado-
« rable des difficultés inouïes. Si vous menez à bien tout
« le poème, et si vous traitez le reste avec la même élé-
« gance, vous aurez fait présent à la France de son plus
« beau poème épique... »

Le Sénateur H. Carnot reconnaissait, lui aussi, la haute valeur littéraire de cet essai poétique : « Vous avez
« rajeuni, en vers très heureux la prose de Génin, un
« peu trop archaïque pour être lue couramment... Vous
« rendez un véritable service en popularisant un chef-
« d'œuvre de notre vieille littérature nationale, à peine
« connu de quelques érudits... »

En 1869, Jônain faisait paraître, chez Clouzot, à Niort, son important *Dictionnaire du Patois Saintongeais,* dont la publication lui valut la médaille d'argent décernée par l'Académie de Bordeaux. L'introduction de cet ouvrage, qui témoigne d'une très vaste érudition, contient un aperçu topographique de la Saintonge et un commentaire fort curieux de la prononciation très spéciale et même de la grammaire du parler saintongeais.

Dans la notice que M. Victor Billaud ajoutait à l'original recueil d'acrostiches biographiques intitulé : *Les Kikajons de Jonas,* nous trouvons, de la fière indépendance d'esprit qui caractérise toute l'œuvre et toute la vie de P. Jônain, cette appréciation qui nous semble aussi juste qu'amicalement sympathique :

« Sa plume, loin de lui concilier toujours des Mécè-
« nes, parmi les pontifes de la presse, lui fit parfois des
« indifférents ou même pis ! C'est qu'il reproche à tous
« les pouvoirs, trop d'arbitraire ; à Shakespeare, trop de

« chaos ; à Victor Hugo, trop de torrent ; à Lamartine,
« trop d'eau dormante ; à Béranger, trop de redingote
« grise ; à Georges Sand, trop de fantaisie ; à Musset,
« trop de régence ; à Guizot, trop de charlatanisme ; à
« Michelet lui-même, trop de Dantonisme ; à Littré, trop
« de positivisme ; etc. »

Citons enfin M. A. Loquin, dans l'article de la *Biographie de la Gironde* qu'il lui a consacré : « Esprit pro-
« fondément sincère et droit, P. Jônain a laissé un sou-
« venir honorable et vivace à tous ceux qui l'ont con-
« nu. S'intéressant à tout ce qui est bon, vrai, utile,
« civilisateur, il a travaillé toute sa vie au progrès des
« lettres, des sciences et des arts, et à ces titres, son nom
« mérite de lui survivre. »

TABLE DES MATIÈRES

BELLEY — IMP. A. CHADUC

DU MÊME AUTEUR

La Réforme à Lyon ; ses débuts, son développement ; son apogée. 1520-1563). in-8°. Genève 1882.

La Réforme en Saintonge ; les Eglises réformées de la presqu'île d'Arvert. in-8°, illustré. Paris, 1892.

J. P. Julien de Verdeilhan, pasteur, médecin et homme politique (1774-1800). in-8°. Bordeaux, 1896.

Alfred Tennyson. Notes de Littérature anglaise ; in-8°. 1893.

Le Congrès des Religions de Chicago. Conférence. 1894.

En Auvergne : vingt jours à Châtelguyon. Illustré. 1900.

Les deux France ; à propos de l'Affaire Dreyfus. Vevey. 1914.

L'Alliance des Petits Etats. Vevey. 1914.

Poètes et Philosophes consolateurs. Conférence. Vevey. 1914.

Au Salève : Monnetier, Mornex et leurs amis. Lyon. 1926.

Un témoin de la Révolution française à Lyon : Journal de B. Cuendet. Lyon et Lausanne. 1914.

VT LVCEAT
OMNIBVS

VT LVCEAT
OMNIBVS